Der Lyrikpfad an der Strunde

Gisela Becker-Berens und
Petra Christine Schiefer (Hrsg.)

Der Lyrikpfad an der Strunde

Gedichte im Grünen 2011-2017

Bibliografische Information der Deutschen Nationalbibliothek:
Die Deutsche Nationalbibliothek verzeichnet diese Publikation in
der Deutschen Nationalbibliografie; detaillierte bibliografische
Daten sind im Internet über dnb.dnb.de abrufbar.

© 2017 Herstellung und Verlag: BoD – Books on Demand,
Norderstedt.   ISBN: 9783744874632

Vorwort:

Der Lyrikpfad an der Strunde
in Bergisch Gladbach

„Lyrik müsste so allgegenwärtig sein wie die uns umgebende Natur" (Joseph Brodsky)

Wir sind in den Wald gegangen!

Im Jahr 2010 entwickelte Gisela Becker-Berens unterstützt von Wolfgang Leuthe (StadtGrün) die Idee, die Neugestaltung der Strundequelle und den neu angelegten Spazierweg entlang des Baches zwischen Quelle und Alter Dombach im Rahmen von RegioGrün durch in die Natur gestellte Gedichte zu bereichern. In Petra Christine Schiefer fand sie von Beginn an eine engagierte Mitstreiterin.

Als Träger für die Gedichte wurden 5 Eisenstelen errichtet, die mit der Zeit Flugrost ansetzen und sich als eigene kleine Kunstwerke harmonisch in die Landschaft einfügen. Eine Bergisch Gladbacher Familie war so begeistert von der Lyrikpfad-Idee, dass sie 2013 eine weitere Stele stiftete. Dank dieser Bereitschaft gibt es nun 6 Stelen.

Von Beginn an waren Wunsch und Wille da, die Texte ein- bis zweimal im Jahr auszutauschen und die jeweils neue Edition den Bergisch Gladbachern und ihren Gästen in einer öffentlichen Wanderung vorzustellen. Kunst-Aktionen mit Musik oder Performance ergänzen die Rezitation der Gedichte.

Inzwischen sind so von 10 Lyrik-Editionen unter der Leitung des Projektteans entstanden. Die Autorinnen und Autoren der Bergisch Gladbacher Gruppe Wort & Kunst bestückten einige davon und bekannte Dichter wie der Büchner- Preisträger Jürgen Becker, Norbert Scheuer und Dieter Höss stellten gerne ihre Gedichte zur Verfügung.

Das Interesse aus anderen Regionen, etwas Ähnliches zu schaffen, und die Nachfrage nach den Gedichten bei unseren Mitwanderern beflügelt uns, weiterhin den Lyrikpfad engagiert zu betreuen.

Im vorliegenden Buch sind alle bisher zwischen 2011 und 2017 veröffentlichten Gedichte zusammen gefasst.

Gisela Becker-Berens
Petra Christine Schiefer

1.Edition

September 2011

Autorengruppe Wort & Kunst

H2O

wasser sind wir
kommen vom wasser
sprudeln hervor aus der quelle
verteilen uns in feinem geriesel
sprühen leben die glücklichen
versickern kraftlos die anderen

im großen und ganzen
jeder ein winziger tropfen

Petra Christine Schiefer

Wie entrinnt mir die Zeit
sie fließt wie das Wasser
ich versuch es zu fassen

Nichts bleibt in meiner Hand
als nur ein paar Tropfen
Erinnerung

Wilhelmina Heinemann

mäander

mein weg ist
nicht immer
leicht
zu finden
nur selten
ist es der
kürzeste

Gisela Becker-Berens

Tautropfen

Der eine findet imposant
den Tropfen Tau im Morgenlicht.
Er ruft: „Nun schau, ein Diamant!"
Der andre aber sieht das nicht
und äußert nüchtern, krasser:
„Ach Quatsch, ich seh' nur Wasser!"

Günther Paffrath

Immer dem
Hellen entgegen
und allem was wärmt
bleiben wir selber
uns dunkel

Engelbert Manfred Müller

Natur-Gedicht

in der Nähe des Hauses
der Kahlschlag, Kieshügel, Kiefern
erinnern mich daran –
nichts Neues; kaputte Natur,
aber ich vergesse das gern,
solange ein Strauch steht.

2.Edition

August 2012

„Jürgen Becker zum 80. Geburtstag"

Gedichte von Jürgen Becker

Obstwiese

Wieder sind ein paar Äste nicht
durch den Winter gekommen. Die Birnbäume,
fast so alt wie das Jahrhundert.
Die wenigen Nachbarn können es nicht mehr
erzählen, und als sie noch lebten, erzählten
sie auch nichts. Die vergrabenen Flinten,
vielleicht liegen sie dort, wo
dünn das Gras auf der Wiese steht

Septemberanfang

Kein Krieg. Die alte Frau
zieht nur den Kopf ein, weil
sie hört, wie ein Apfel
krachend durchs Geäst schlägt.

Radierung

aufsteigend,
zum Flug, ins Geäst,
das noch aufhält
vor dem Verschwinden,
weil's die Unruhe kennt
weiter oben

Möglichkeit im Garten

Jetzt kannst du hinausgehen
noch einmal zurückblickend
dir Zeit lassen,
bis die Büsche an dir hochwachsen
und die klirrenden Gelenke
ruhig werden unter der Rinde

Abends wildert noch einmal die Sonne
im unteren Gebüsch Das hat
den ganzen Tag gewartet auf
die Fingerlänge Zärtlichkeit Nun
bäumen sich gleich ringsum
ein paar Hügel mit auf Dem Wald oben
zittern die Knie und wie im Gewitter
schwillt plötzlich der Bach an

3.Edition

März 2013

Autorengruppe Wort & Kunst
(mit Heinrich Heine)

„Den Worten auf der Spur"

Verwunschen

Aus der Erde Tiefe
drängen Wasserperlen ans Licht
kräuseln zu wiegenden
Spiralen

eine Brise fächelt
verzaubert Blätter
zu tanzenden Nymphen
Märchenballett

Gerda Duckheim

spiegelung

am grunde des sees
wachsen büsche und bäume
aus ockergelbem stein
und fensterkreuzen
bauen nixen ein haus
sein schieferdach
zerfasert im himmel
sein turm spießt fische auf

Günter Helmig

Das Fräulein stand am Meere
Und seufzte lang und bang,
Es rührte sie so sehre
Der Sonnenuntergang.

"Mein Fräulein! Sein Sie munter,
Das ist ein altes Stück;
Hier vorne geht sie unter
Und kehrt von hinten zurück."

Heinrich Heine (1797-1856)

aus-flug

pastellinseln blühen
libellen im spiegelflug
gleiten übers wasser
wandernde am wegrand
steigen um
und setzen segel

Roland Mittag

Vertane Chance

Hätte ich vom
Leben
auch das Sterben gelernt
um wieviel mehr
hätte es sich gelohnt
sein Gast
gewesen zu sein

Rüdiger Posth

GESCHENKE

ich schenke dir
vom stillen see den spiegel
vom schmetterling
die leichtigkeit des flugs
vom feuer
die freiheit der asche
vom stein
die alte geduld

Frank Mäuler

4.Edition

September 2013

„Schläft ein Lied in allen Dingen"

Gedichte der Romantik
vorgeschlagen von Bürgern
aus Bergisch Gladbach

Wünschelrute

Schläft ein Lied in allen Dingen,
Die da träumen fort und fort,
Und die Welt hebt an zu singen,
Triffst du nur das Zauberwort.

Joseph von Eichendorff (1788-1857)

Wiegenlied

Singet leise, leise, leise,
Singt ein flüsternd Wiegenlied,
Von dem Monde lernt die Weise,
Der so still am Himmel zieht.

Singt ein Lied so süß gelinde,
Wie die Quellen auf den Kieseln,
Wie die Bienen um die Linde
Summen, murmeln, flüstern, rieseln.

Clemens Brentano (1778-1842)

Der Mohn

Wie dort, gewiegt von Westen,
Des Mohnes Blüte glänzt!
Die Blume, die am besten
Des Traumgotts Schläfe kränzt;
Bald purpurhell, als spiele
Der Abendröte Schein,
Bald weiß und bleich, als fiele
Des Mondes Schimmer ein.

Ludwig Uhland (1787-1847)

Wenn nicht mehr Zahlen und Figuren
sind Schlüssel aller Kreaturen,
wenn die, so singen oder küssen,
mehr als die Tiefgelehrten wissen,
wenn sich die Welt ins freie Leben
und in die Welt wird zurückbegeben,
wenn dann sich wieder Licht und Schatten
zu echter Klarheit werden gatten
und man in Märchen und Gedichten
erkennt die wahren Weltgeschichten,
dann fliegt vor einem geheimen Wort
das ganze verkehrte Wesen fort.

Novalis (1772 - 1801)

Walzer

Hinunter die Pfade des Lebens gedreht
Pausiert nicht, ich bitt euch so lang es noch geht
Drückt fester die Mädchen ans klopfende Herz
Ihr wißt ja wie flüchtig ist Jugend und Scherz.

Laßt fern von uns Zanken und Eifersucht sein
Und nimmer die Stunden mit Grillen entweihn
Dem Schutzgeist der Liebe nur gläubig vertraut
Es findet noch jeder gewiß eine Braut.

Novalis (1772 - 1801)

So oder so

Die handeln und die dichten,
Das ist der Lebenslauf,
Der eine macht Geschichten,
Der andre schreibt sie auf,
Und der will beide richten;
So schreibt und treibt sichs fort,
Der Herr wird alles schlichten,
Verloren ist kein Wort.

Joseph von Eichendorff (1788-1857)

5.Edition

Mai 2014

„HÖSSlich bis heiter"

Gedichte von Dieter Höss

Naive Tour

Schuld an der
Naturzerstörung
sind die andern.
Wir dagegen
sind harmlos:
Wir fahren
nur wandern

.

Fast bereinigt

Gras über alles
wachsen zu lassen
darin war man sich einig.
Streit gab es nur
bei der Frage, wer
den Auftrag zur Pflege
des Rasens erhält.

Angstpause

Die ganz kurze Zeit,
da er eine Sorge
los war und noch
keine andere hatte –

wusste er nicht
zu genießen.

Epigrimm

Das Gute, stellte Kästner fest,
ist stets das Schlechte, das man lässt.
Das Schlechte, sei hinzugefügt,
ist, dass nur Lassen nicht genügt.

Neufassung GG

Die Würde
des Gartenzwergs
ist unantastbar.
Alles weitere
regelt ein
bissiger Hund

Teufelskreis

Ohne dieses Joggerprogramm
sagte er, hätten
die Köter im Park
ihn längst eingeholt
und übel zugerichtet,
die allerdings,
sagen die anderen,
nie angefangen hätten,
ihm nachzujagen
ohne dieses Joggerprogramm.

6.Edition

Oktober 2014

Autorengruppe Wort & Kunst

„über.leben"

ÜBERLEBEN

was gibt es über leben noch zu sagen
wenn es nur ums überleben geht

was gibt es über jenseits noch zu sagen
wenn den tod noch keiner überlebt hat

Frank Mäuler

im flusstal

verdrängtes holz
am abhang
wächst
krumm und quer
über den abgrund
sucht es den weg
zum licht

Wilhelmina Heinemann

Übers Leben
kann jeder
ein Lied singen
Dur und Moll
wie das Leben
so spielt

Hildegard Tillmann

tröstliche gewissheit

die mit kartoffelsäcken -
wurden sie satter durch das
wofür sie insgeheim schwärmten?

die mit rucksäcken -
wussten sie mehr als das
was in der schule sie lernten?

nur die mit tränensäcken -
soviel ist gewiss: sie allein
werden mit freuden ernten.

Heinz-D. Haun

Zyklus

Die Stare sind da.
Sagte Mutter am Fenster.
Und auch: Sie sind fort.
Mutter und Vater sind fort.
Du und ich. Wir sind noch da

Josef B. Zeller

7.Edition

Mai 2015

„…läuft bei dir…"

Gedichte von Schülern
aus Bergisch Gladbach

Die Ruhe nach dem Sturm

Ein junges Mädchen sitzt in der Laube
ihre Augen getunkt in Wasser
in Wasser des entsetzlichen Leidens
ihr Mund verriegelt durch Nähte
durch Nähte der ewigen Verdammnis
ihre Seele geplagt von Schmerzen
von Schmerzen des garstigen Gefechts
ihr einsames Nest düster und kalt
kalt durch das ständige Harren
ihre schöne Jugend ertrunken
durch die nährende Brust des Teufels
ihre kleine Welt zerstört
zerstört durch die Grausamkeit der Menschen

Alexandra Fleick

Figur aus Glas

Ich bin leer, etwas fehlt.
Niemand nimmt mich wahr,
unscheinbar.
Ich bin durchsichtig
wie aus Glas, eine Glasfigur.
Jeder sieht durch mich hindurch.

So viele Seelen
und doch allein.

Bin ich anders?
Wie Schatten ziehen sie vorbei.
Ich habe Angst,
Angst zu zerbrechen,
in tausend Scherben.

Etwas fehlt, ich bin leer.

Ronja Braun

Kindheit

Das Glück der Kindheit
noch einmal erleben,
das würde mein Herz
zutiefst bewegen.

Damals war das Leben
so unbeschwert,
heute ist es umgekehrt.

Man sitzt in der Schule
und die Zeit vergeht,
die kindliche Freude
lange verweht

Wie vermiss ich dich,
du leuchtende Zeit,
deine wundervolle Heiterkeit.

Felix Dünn

Offline

Früher lief man noch
Heute surfen wir.
Was bleibt ist ein schwarzes Loch,
denn irgendetwas fehlt uns hier.

Damals eine Perle
heute nur noch Dunkelheit.
Schon in jungen Jahren
mit Handys aufgereiht-
die Perle der Natur längst versunken.
Wir haben zum Abschied gewunken.

Zerbrochene Welt – Scherbenhaufen!
Auf geht's – neues i-Phone kaufen!
Facebookstatus – läuft bei dir!
Sind wir noch Menschen oder
– Fabeltier?

Monty Devern

Die Gesellschaft ist verwelkt und eingegangen,
So wie eine kleine Blume ohne Licht
Gefangen in einem Meer aus tausend Tannen
Grüne Wiesen kennt die Blume nicht.

Gedanken hinter mentalen Gittern
Aufgezwungen durch den Druck der Masse
Früher laut vernehmbar wie das Zwitschern,
Das die Schwalbe noch am Morgen machte.

Taten gesteuert durch das Umfeld
Der Druck ist so schwer wie Blei
Solange bis die Gesellschaft umfällt
Erst dann sind wir alle wirklich frei.

Deshalb sei du die Veränderung,
Die du dir wünschst für deine Welt
Beeile dich und wage den Sprung
Bevor auch die letzte Blume verwelkt.

anonym

Vergebung

Es tut mir leid, ich hab dich versetzt,
du bist enttäuscht, du bist verletzt.
Das war keine Absicht, vertrau mir doch,
ohne dich fall ich in ein tiefes Loch.

Ich weiß, du bist sauer, mein Schatz,
aber das musst du nicht sein,
Ich lieb dich wie immer, mein Spatz,
also sei nicht so gemein.

Du weißt, ich kann nicht ohne dich,
sonst muss ich leider weinen.
Und du kannst auch nicht ohne mich,
wir müssen uns wieder vereinen.

Ich liebe dich unendlich doll,
du bist so süß, du bist so toll.
Deine Stimme macht mich glücklich.
Und morgen deck ich den Frühstückstisch

Florian Krasniqi

8.Edition

September 2015

Autorengruppe Wort & Kunst

„fremde.heimat"

Heimatgerüche

Welkes Laub am Waldesrand
Tabak in der
strengen Pfeife
alter Männer

Spätes Auto
rumpelt über
Eisendeckel
weht die Tiefe
des Kanals
die nie vergeht
in deine Nase

Gekrümmte kalte
Hand holt dich
zurück in das
was sie die Heimat nennt

Engelbert Manfred Müller

sehnsuchtsort

mama
bis zum meer in einem stück
wollte ich laufen vor langer zeit
als es die drähte noch nicht gab
mit den scharfen klingen
zum schutz vor uns die sie
wüsteneindringlinge nennen

noch vor dem bau der großen mauer
werde ich das boot erreichen
und euch viel geld schicken
für ein sicheres schiff nach europa
wo wir endlich in frieden leben
hab geduld mama

Gisela Becker-Berens

auf der flucht

menschen fliehen
vor gestammelten worten
vor bildern die erzählen
vor blicken wie dolche

schnurrbärte trösten
tränende augen
streichen weinenden
kindern übers haar
spenden gebeugten mut

alle träumen
von zukunft in freiheit

Günter Helmig

Was bringt´s

ungeübte Nähe einzuspielen
neugierig
so nach und nach
lässt sie uns ein
öffnet sich ihr fremder Raum

immer ein bisschen
mehr holt sie uns heim
bis wir dort sind
und der Atem uns vergisst

so findet sich alles
auch ein Hauch mehr
wo´s Aufhören beginnt

irgendwann
gehen wir fort

hinter den Regen

Josef B. Zeller

verheißung

milch und honig
waren ihnen versprochen
sie zu führen ins gelobte land
durch wüsten zu leiten
zu teilen das meer

und sie glaubten und ließen
heimat zurück zogen aus
durch wüste und meer doch
fanden sie wüsten die brannten
und meer das verschlang

als wenige schließlich erreichten
die gestade der verheißung
fanden das land sie besetzt
und irren suchend seither
heimatlos

Petra Christine Schiefer

Sprache

Die Sprache ist mein
Unermesslicher Schatz
Ich hab umso mehr
Je länger ich grabe

Die Sprache ist mein
Unerschöpflicher Schatz
Ich heb umso mehr
Je länger ich lebe

Jutta Reyle-Schindlmayr

9.Edition

April 2016

„bis ich dies alles liebte"

Gedichte von Norbert Scheuer

Etwas fehlt immer

das Dorf in dem wir wohnen
    liegt auf einem Hügel

es gibt hohes Gras
     Ginster der im Frühsommer blüht
meine Eltern wohnten hier
     auch die Eltern meiner Eltern

ich dachte immer
    dass es woanders mehr gibt
wenn ich zu den Sternen sah
        wusste ich nie
           ob ich fortgehen oder bleiben sollte

es dauerte
    bis ich dies alles liebte

Versprechen

Dohlen hocken am Fenster
        erlernten die Zutraulichkeit von uns

wenn sie das Gold des Abends pflückten
brachten sie uns morgens das Grau ihres Gefieders

sie schmeichelten mit ihrer Zutraulichkeit
pochten am Fenster als bäten sie um Einlass.

Unschuld

Augenblicke
   in denen sich Mauersegler im Fluge paaren
Messingstaub vom Räderwerk der Kirchturmuhr
wie Gold in einer Streichholzschachtel gesammelt
das ewige Licht
   an einer Kette über dem Altar
Frauen flüsternd im Beichtstuhl
Namen der im Krieg Gefallenen
      auf der Marmortafel am Kirchenportal
      jedes Jahr mit goldener Farbe nachgemalt

Ferne

über das Waschbecken gebeugt
den Geschmack der Ferne ausspucken
Erinnerungen
       an zerrissene Briefe
            Postkarten auf dem Fußboden
zusammenfügen zu einem Ort
            wo wir uns wiedersehen
eine andere suchen
       um dich zu finden
tanzende Erscheinung um mich

auf Dinge warten
       die niemals eintreffen
       dorthin reisen wo ich ebenso fremd bin

während du schläfst
       hinausgehen
       und die Tür leise schließen

Nichts

hinter dem Fenster
       Licht
           durch die Jalousie

Spinnen
       Netze vor meinen Augen
Handtuch auf dem Boden
  mein Gesicht trocknen

sich etwas vormachen
nichts bleibt übrig
       alles bleibt wie es ist
Geheimnis in einem Geheimnis
               Muster in einem Muster

Etwas bleibt

deine Fotografie auf dem Fernseher
           als du noch jung warst
           ein Jahr bevor wir uns kannten

die Kinder
als sie noch klein waren
eine braune Apfelgrütze
           unter der Couch

Mauersegler die im Flug schlafen
keine Erinnerung ist so deutlich
wie bunte Perlen
      in der Haarsträhne
           einer jungen Frau.

10.Edition

Mai 2017

Autorengruppe Wort & Kunst

„poetisches picknick"

Du bist

Manchmal bist du Bohnen mit Speck,
und hin und wieder ein Kuttelfleck.

Du bist auch Pommes mit Mayonnaise,
und lieblich duftend, ein Harzer Käse.

Du bist eine Pute, ein Nudelsalat,
eine Ochsenschwanzsuppe, ein Kaisergranat.

Du bist ein Hering und ein Rollmops,
in Königsberg, da bist du ein Klops.

Bist Mousse-au-chocolat, Gazpacho bist du.
Du bist Artischocke, ein Hühnerragout.

Im Norden bist du Grünkohl mit Pinkel,
sonntags bist du ein Brötchen von Dinkel.

Und glaubst du auch nicht jeden Mist,
so glaube mir dennoch: du bist, was du isst.

Heinz-D. Haun

eiszeit

zunge umschmeichelt
eiskristalle
betet an
himbeereisbrüste
genießt apricot
in white chocolate

für wimpernschläge
die augen geschlossen –

sommerlust

Günter Helmig

Obstsalat

mit mir ist sehr gut kirschen essen
trauben auch und erdbeeren
und ausgerechnet bananen
sogar in den sauren apfel beiß ich gern
kastanien hol ich aus dem feuer

doch vorsicht beim süßholz raspeln
und honig ums maul schmieren
da bleibt mir der bissen im halse stecken
und hopfen und malz
könnten verloren sein

Petra Christine Schiefer

Festmahl

Loslassen. Nichts tun.
Das Gras wächst. Der Frühling kommt.
Blau flattert sein Band.
Und das Leben schmeckt so pur.
Gekaut mit wachen Sinnen

Josef B. Zeller

sterne küche

großmutters küche hatte keinen stern
damals hingen sie vom himmel
über dem spärlich beleuchteten dorf

zucker und linsen aus säcken kaufte sie
hin und wieder im einzigen laden und
lose malzbonbons die hielten lange

kartoffelklöße mit viel petersilie
konnte keine wie sie den braten spendierte
die scheckig-bunte mit den sanften augen

Gisela Becker-Berens

Das süße Leben

Samstags in der Trattoria
schlemmen sie, o mamma mia
schlürfen, schlucken, mümmeln, mampfen
und die fettucine dampfen.

Hmm, ich rieche voll Genuss,
was ich gleich probieren muss:

tortellini bucattini
cannelloni maccheroni
tagliatelle salmonelle?
mozzarella stracciatella
panettone zabaione
cantuccini e panini
mascarpone minestrone
cappuccino bordolino.

Alles ist so italiano
zur Musik von Celentano.
Wie sagt immer Freundin Rita:
„Nichts geht über dolce vita."

Claudia Dietze